소원을 틀어주는 자판기

글·그림 김린아

작가 김린아

안녕하세요!
저는 <소원을 들어주는 자판기> 그림책을 쓴 어린이작가 김린아 입니다.
저는 어릴 때부터 그림 그리는 것을 좋아해 그림책 창작을 꾸준히 해 왔어요.
창작 활동도 좋아하지만, 인라인 선수로 활동할 정도로 운동도 정말 좋아하고요.
바이올린도 좋아해요.

저는 초등학교 1학년 때 첫 그림책을 출판한 후로
꾸준히 창작 활동을 이어가고 있는 어린이 작가입니다.
출판된 작품으로는 <산타 할아버지의 실수> <광화문으로 소풍 간 바다 학교 친구들>
<소원을 들어주는 자판기> 가 있습니다.
이번 책도 많이 기대해 주세요!

나는 왜 가시가 많고
못생겼지?

나도 예쁘고 멋진
고양이가 되고 싶어!

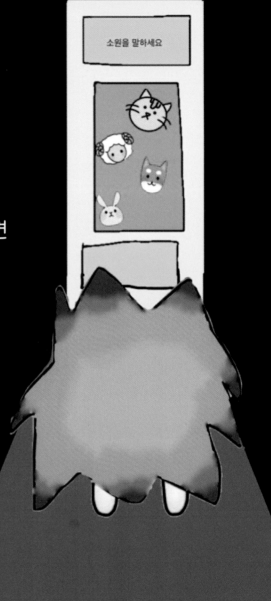

어! 저게 뭐지?

나는 소원을 들어주는 자판기야.
네가 변하고 싶은 동물을 선택하면
그 동물로 변신할 수 있어!

나는 고양이가 되고 싶어요!

고양이를 눌러주세요

고양이가 된 도치는 제일 먼저
레스토랑에 갔어요.

내가 고슴도치였을 땐 안 받아 줬는데...
고양이니까 받아 주겠지?

도치는 고양이가 되면 먹고 싶었던
음식을 맛있게 먹었어요.

하지만 도치는 고양이 음식을 먹고

데굴

배가 아파서 데굴데굴 굴렀어요.

며칠이 지난 후,

도치는 즐겁게 펌프 게임도 하고
고슴도치 인형도 뽑았어요.

뭐하는거지...?

집으로 돌아가는 길
도치는 무리 지어 있는
고양이 친구들을 만났어요.

고양이들은 팔을 쭉 피며 반갑게 인사를 했지만,
도치는 고양이들이 무엇을 하는지 이해할 수 없었어요.

저 친구는 고양이가 아닌 것 같아.
우리 인사법을 모르잖아.

도치는 고양이 친구들과 놀고 싶었지만,
친구들이 놀아 주지 않았어요.

집으로 돌아가는 길에
새에게 공격을
당하고 말았어요.

도치는 배가 고팠지만
더 이상 고양이 음식을 먹을 수 없었어요.

나 다시
고슴도치로 돌아갈래!

저는 고양이가 싫습니다.
다시 고슴도치가 되고 싶습니다.

만약 다시 고슴도치로 변신한다면
이제 더 이상 다른 동물로 변신할 수 없습니다.
그래도 다시 고슴도치로 변신하고 싶나요?

네! 다시 고슴도치로 돌라갈래요!!

그럼 고슴도치를 눌러 주세요.

뭐지..? 꿈이었나.

고슴도치로 다시 돌아온 도치는
맛있는 열매를 먹었어요.

평소 자주 하던 도치 스위치 게임도 했지요.

도치는 밤송이로 변신해
친구들과 숨바꼭질도 하고 놀았어요.

역시 고슴도치가 최고야!

여러분도 도치처럼 자신이 싫었던 적이 있나요?
이 책은 지금의 나와 전혀 다른 누군가로 변신하고 싶을 때
읽으면 좋은 그림책입니다.
혹시 자신한테 불만이 있다해도
분명히 좋은 점도 있으니
단점은 고치도록 노력하고
장점은 더 좋게 생각했으면 좋겠습니다.

김린아 작가

어린이작가 창작 그림책

소원을
들어주는
자판기

초판 1쇄 인쇄 2023년 11월 30일
초판 1쇄 발행 2023년 12월 10일

글그림 김린아
도서기획 아트북렛
책임편집 박소영 **편집** 박도연
교정교열 권다나 **디자인** 김송이
출판마케팅 박시원
발행처 창조와지식
출판등록번호 제2018-000027호
창작문의 010-5679-7946
이메일 artbooklet@naver.com

ISBN 979-11-6003-665-7(77800) **정가** 18,000원

본 도서는 아트북렛의 어린이작가 그림책 창작 과정을 통해 출판된 도서입니다.